INTEGRATED COMMUNICATION TERMINOLOGY
AN INTRODUCTION TO INTEGRATED COMMUNICATION

This publication is part of a series of products and publications. For more information, please visit: http://www.FOMENKYPUBLISHING.com

I0169426

FOMENKY™
PUBLISHING

The following words can be found in the diagram below reading forward, backward, up, down and diagonally. Find the words and circle them.

blog   pilot
pixel   hits
producer   logo
webcast   layer
saturation avatar
parallax   drone

```
P X S B J J T S A C B E W G M B
F A M R B S W X B P J A A Z Z L
W F R N O R E G Y H B V X F U O
Y O E A F A J R R L L A Y E R G
J O P I L O T I L D S T L D S I
I G X A K L D Y R F W A W Z V L
D A L N R D A Y B R H R M V Z Y
Y S H H Y E H X I H G Z M C W L
X H P Y T C P R X B R P I E K H
I C J A J Q Y L E X I P O Y H I
V E G I H D U F L C J D E L T T
C N K R V P C E R L U F B C E S
Q A L L E R U M V O R D G Y U L
K O N X Z D R O N E F T O O H X
G T C I V L O G O G Y V S R K A
K E M N O I T A R U T A S F P T
```

Each of these Cryptograms is a message in substitution code. THE SILLY DOG might become UJD WQPPZ BVN if U is substituted for T, J for H, D for E, etc. One way to break the code is to look for repeated letters. E, T, A, O, N, R and I are the most often used letters. A single letter is usually A or I; OF, IS and IT are common 2-letter words; try THE or AND for a 3-letter group. The code is different for each Cryptogram.

1. Zejz Cxgieyf VAkyrky

2. Jvbfkikiy qkcrv nvtic zikbzekvi erwe
   zic gkjetlrn

3. Wybagtsjyb jyb Pyzh fzwg Jwbkayxa

Insert a different letter of the alphabet into each of the 26 empty boxes to form words reading across. The letter you insert may be at the beginning, the end or the middle of the word. Each letter of the alphabet will be used only once. Cross off each letter in the list as you use it. All the letters in each row are not necessarily used in forming the word.

Example: In the first row, we have inserted the letter Z to form the word EQUALIZER

A B C D E F G H I J K L M N O P Q R S T U V W X Y Z̶

E	Q	U	A	L	I	**Z**	E	R	B	E	A	L
L	J	S	A	E	D		T	O	R	T	P	D
U	B	I	N	D	U		T	R	Y	O	I	G
G	B	H	O	L	O		R	A	M	H	Z	T
J	D	L	A	Y	E		Q	Y	D	W	Z	M
B	R	D	S	O	F		W	A	R	E	Q	L
J	W	I	M	A	G		C	R	F	N	S	Q
P	Z	F	B	C	O		T	R	A	S	T	J
I	F	V	B	E	C		T	E	L	U	K	D
X	S	X	J	M	E		I	U	M	C	X	O
A	D	Z	H	P	I		E	L	E	Q	K	V
X	S	S	H	H	K		R	O	P	Q	G	T
O	V	E	R	L	A		B	S	B	X	T	G
K	U	R	E	M	O		I	C	L	I	Z	Q
L	D	E	O	P	N		R	E	A	K	B	U
H	I	N	A	R	R		T	I	V	E	K	B
R	U	J	A	B	E		E	L	Y	Z	Z	B
P	H	D	F	O	X		O	S	T	C	G	V
O	J	X	D	E	S		T	O	P	P	R	X
U	E	O	D	I	S		L	A	Y	K	T	Y
J	G	R	E	S	O		U	T	I	O	N	E
Q	W	F	K	E	Y		R	A	M	E	G	K
I	J	Q	F	S	E		U	A	L	W	K	F
Y	B	C	N	B	L		G	F	M	I	W	P
N	W	A	T	E	R		A	R	K	M	T	K
V	Y	B	A	N	D		I	D	T	H	O	Q

4

Form 5 different 5-letter words by using all the given letters and adding the letter in the Free Letter Box as often as necessary. Cross off each letter in the Letter Bank as you use it.

Free Letter
e

Letter Bank
a d d g i i j l m
n n o o o r r r v
y

1. _____ _____ _____ _____ _____

2. _____ _____ _____ _____ _____

3. _____ _____ _____ _____ _____

4. _____ _____ _____ _____ _____

5. _____ _____ _____ _____ _____

The spaces between the words in the following message have been eliminated and divided into pieces. Rearrange the pieces to reconstruct the messages. The dashes indicate the number of letters in each word.

POS COM EAN DFR AME

— —— —— — —— —— ——

—— —— — —— —— —— —— ——

The following words can be found in the diagram below reading forward, backward, up, down and diagonally. Find the words and circle them.

watermark			image	
ripping			hits	
banners			morph	
browser			pilot	
pixel			drone	
spline			log	

```
B  R  D  S  R  E  N  N  A  B  U  F  X  F  A  U
S  R  L  D  T  M  U  V  I  S  T  G  O  S  H  W
W  P  O  M  M  X  G  Q  P  R  M  O  R  P  H  P
H  T  M  W  N  R  R  N  M  K  Z  P  E  L  L  I
J  Z  U  C  S  S  A  Q  A  X  N  P  J  I  Z  X
M  I  M  A  G  E  Q  P  C  H  W  W  T  N  K  E
N  L  X  Z  V  X  R  O  Z  I  Y  Z  D  E  A  L
S  D  Q  S  A  D  H  K  D  U  A  S  X  I  P  T
C  Z  G  N  X  G  J  U  U  I  D  S  I  G  T  P
A  K  K  S  L  N  A  V  G  R  U  W  J  R  E  I
Z  K  G  Z  R  U  X  X  D  N  R  S  M  V  L  L
U  C  E  U  M  O  M  Y  S  T  I  H  C  N  U  O
T  H  Q  D  Z  V  C  K  C  C  C  P  X  Z  Z  T
A  R  S  L  O  G  N  M  D  H  P  H  P  C  C  W
P  A  Y  C  V  D  R  O  N  E  R  J  M  I  U  J
H  K  R  A  M  R  E  T  A  W  X  T  K  Z  R  V
```

Each of these Cryptograms is a message in substitution code. THE SILLY DOG might become UJD WQPPZ BVN if U is substituted for T, J for H, D for E, etc. One way to break the code is to look for repeated letters. E, T, A, O, N, R and I are the most often used letters. A single letter is usually A or I; OF, IS and IT are common 2-letter words; try THE or AND for a 3-letter group. The code is different for each Cryptogram.

1. Tod imd wpudbide lxbfhwe

2. Hykxwn Yvvlqq Nlnwho

3. Htwvkiy wuuwvsh wjekjwwd

Insert a different letter of the alphabet into each of the 26 empty boxes to form words reading across. The letter you insert may be at the beginning, the end or the middle of the word. Each letter of the alphabet will be used only once. Cross off each letter in the list as you use it. All the letters in each row are not necessarily used in forming the word.

Example: In the first row, we have inserted the letter Z to form the word EQUALIZER

A B C D E F G H I J K L M N O P Q R S T U V W X Y ~~Z~~

E	Q	U	A	L	I	**Z**	E	R	Y	K	D	L
A	G	A	Q	P	I		E	L	W	A	Q	A
A	I	B	A	F	F		L	I	A	T	E	J
E	S	F	C	H	S		R	O	W	S	E	R
B	S	W	U	A	A		U	O	T	O	N	E
S	R	G	U	K	C		O	S	T	O	K	C
F	B	Q	E	M	O		I	T	D	B	B	L
Z	I	S	X	B	E		E	L	C	G	H	M
L	X	Y	I	X	N		T	W	O	R	K	Z
A	H	Y	P	E	R		I	N	K	Q	S	G
U	Q	P	S	P	A		U	T	F	X	B	Z
J	K	M	T	H	U		B	N	A	I	L	D
D	K	S	T	O	R		B	O	A	R	D	S
C	Y	B	E	R	S		A	C	E	Y	U	N
G	O	C	L	H	H		O	N	T	O	P	A
Q	P	Q	Z	D	I		E	C	T	O	R	A
B	X	S	T	R	E		M	I	N	G	Q	C
J	K	E	V	J	E		U	A	L	Z	X	J
E	P	P	R	O	D		C	T	I	O	N	F
U	P	R	B	A	N		E	R	S	F	S	S
Q	Q	L	D	E	S		T	O	P	Z	V	B
J	A	N	A	L	O		F	Q	B	U	Q	G
C	O	N	T	R	A		T	D	C	U	S	U
N	T	C	S	U	D		M	A	I	N	S	M
K	C	B	A	N	D		I	D	T	H	W	K
Z	L	N	F	I	L		E	R	I	N	G	N

Form 5 different 5-letter words by using all the given letters and adding the letter in the Free Letter Box as often as necessary. Cross off each letter in the Letter Bank as you use it.

Free Letter

e

Letter Bank

a a a b d g i i k
l l m n o o p r r
r t y

1. _____ _____ _____ _____ _____

2. _____ _____ _____ _____ _____

3. _____ _____ _____ _____ _____

4. _____ _____ _____ _____ _____

5. _____ _____ _____ _____ _____

The spaces between the words in the following message have been eliminated and divided into pieces. Rearrange the pieces to reconstruct the messages. The dashes indicate the number of letters in each word.

OUD BEC TIV REA ECL ADO

— — — — —   — — — — — — — —

— — — — —

The following words can be found in the diagram below reading forward, backward, up, down and diagonally. Find the words and circle them.

clearance   spline
timelapse   domain
production   crop
narrative   morph
cut
drone

```
I I Y R M P O Y E W X L K W J N
G Q N Y B O J F A C A W O B A E
N J M L B Z B P X F M V Q R W S
A C I N B J B K O C C M R O Y B
N Q D O A Q A B P B U A R N G E
O J X A B X D K K E T T L O I E
I O B X N C O Q E I R P H R Q S
T W S I E K Z C V M U W N W U P
C Q G E N V N E A Q K J F L H A
U S O V O A J F K Q W B M P J L
D X P W R R L J N F A U K W U E
O A G A D E F S L Y G G H C L M
R Q E X H S K X B I M X Z R Y I
P L H N E I I O E D P K H O V T
C D S T J Y B U P E N I L P S Y
C D O M A I N H M O R P H J A J
```

Each of these Cryptograms is a message in substitution code. THE SILLY DOG might become UJD WQPPZ BVN if U is substituted for T, J for H, D for E, etc. One way to break the code is to look for repeated letters. E, T, A, O, N, R and I are the most often used letters. A single letter is usually A or I; OF, IS and IT are common 2-letter words; try THE or AND for a 3-letter group. The code is different for each Cryptogram.

1. Watfaes xco Vqxts

2. Uamta npag agd kdmw

3. Dvfcfmgqdvn wz Jwmvc Kgwcwym

Insert a different letter of the alphabet into each of the 26 empty boxes to form words reading across. The letter you insert may be at the beginning, the end or the middle of the word. Each letter of the alphabet will be used only once. Cross off each letter in the list as you use it. All the letters in each row are not necessarily used in forming the word.

Example: In the first row, we have inserted the letter Z to form the word EQUALIZER

A B C D E F G H I J K L M N O P Q R S T U V W X Y Z̶

E	Q	U	A	L	I	**Z**	E	R	E	G	Y	I
N	E	A	N	A	L		G	L	Z	N	W	S
J	T	Y	P	E	F		C	E	W	M	R	X
V	F	V	I	W	E		H	T	G	T	L	E
P	D	C	L	U	M		N	A	N	C	E	X
O	V	E	R	L	A		O	D	A	X	I	I
U	J	T	R	E	A		M	E	N	T	F	I
N	Y	N	P	H	A		D	W	A	R	E	U
J	X	P	H	A	S		R	Q	D	G	M	Q
V	D	U	O	T	O		E	P	F	Y	N	D
I	L	A	N	D	S		A	P	E	P	H	V
U	K	H	O	L	O		R	A	M	Z	A	D
X	T	K	H	B	E		U	A	L	T	D	O
Y	O	R	E	M	O		I	H	M	I	L	T
C	W	E	B	C	A		T	V	S	Q	Y	F
L	E	L	A	M	C		O	R	U	S	H	Z
U	V	Z	A	N	I		A	T	I	O	N	B
U	B	B	R	E	A		R	E	N	U	K	H
G	X	P	S	E	Q		E	N	C	E	R	E
H	K	Q	N	E	T		O	R	K	L	Y	E
F	K	D	I	S	P		A	Y	I	I	V	M
Z	D	W	D	I	V		R	O	N	E	L	U
K	M	U	E	P	I		E	L	P	P	X	F
Y	K	L	K	E	Y		R	A	M	E	D	G
H	C	Q	S	E	R		E	R	M	A	J	X
H	Y	K	R	I	P		I	N	G	M	L	E

Form 5 different 5-letter words by using all the given letters and adding the letter in the Free Letter Box as often as necessary. Cross off each letter in the Letter Bank as you use it.

Free Letter
e

Letter Bank
a b b d d g i i k
l n o o r r v v

1. _____ _____ _____ _____ _____

2. _____ _____ _____ _____ _____

3. _____ _____ _____ _____ _____

4. _____ _____ _____ _____ _____

5. _____ _____ _____ _____ _____

The spaces between the words in the following message have been eliminated and divided into pieces. Rearrange the pieces to reconstruct the messages. The dashes indicate the number of letters in each word.

CTI ACT ICE RAC TIC CEP PRA
EPR

P R A C T I C E ,

P R A C T I C E ,

P R A C T I C E

The following words can be found in the diagram below reading forward, backward, up, down and diagonally. Find the words and circle them.

overlay   cut
affiliate   break
sprite   hits
palette   bevel
vector   blog
luminance   drone

B L S A F F I L I A T E S Z I N
R K U S H B L O G K V A M V U U
E G A M N L O V D R O N E B H F
A P N H I T S N U Y V Q R O P A
K C A S J N K O K X J F R Q F F
C U A E B G A T O T O N P E F D
U G F V Y P G N N A D X F U N K
A Q E A U G G N C V A B I P G O
T B U Z W T P D G E P G D U B R
B F B H K C E B Q E I O L J Q U
E Z W I T X T C S U T V H X C X
V D F R F W I W G C U T E G I F
E V E C T O R X R T I B E J D A
L G L T D O P M X K U U M L R Y
S I D P F K S T M S Y J K S A S
L C V O V E R L A Y M I H G L P

Each of these Cryptograms is a message in substitution code. THE SILLY DOG might become UJD WQPPZ BVN if U is substituted for T, J for H, D for E, etc. One way to break the code is to look for repeated letters. E, T, A, O, N, R and I are the most often used letters. A single letter is usually A or I; OF, IS and IT are common 2-letter words; try THE or AND for a 3-letter group. The code is different for each Cryptogram.

1. Ycsvx Lok Ztw

2. Usqpwlwld mwxcs zsjlx nlwqnhwsl hcgh nlx twuhjicz

3. Wubnhkmpub mqn lhnxwnurz kanrmhwg

Insert a different letter of the alphabet into each of the 26 empty boxes to form words reading across. The letter you insert may be at the beginning, the end or the middle of the word. Each letter of the alphabet will be used only once. Cross off each letter in the list as you use it. All the letters in each row are not necessarily used in forming the word.

Example: In the first row, we have inserted the letter Z to form the word EQUALIZER

A B C D E F G H I J K L M N O P Q R S T U V W X Y Z̶

E	Q	U	A	L	I	**Z**	E	R	G	E	N	N
S	A	S	T	O	R		B	O	A	R	D	K
E	W	B	A	N	D		I	D	T	H	N	Z
W	X	S	P	R	I		E	O	E	O	D	D
Z	P	L	F	B	E		E	L	N	Z	B	G
Y	S	R	H	O	L		G	R	A	M	F	E
A	C	R	O	S	S		A	D	E	U	K	S
Z	R	I	U	W	E		I	N	A	R	E	E
E	M	G	E	W	M		D	I	U	M	H	Z
N	H	M	Q	J	F		E	S	K	T	O	P
P	O	R	T	R	A		T	U	Q	Q	C	D
C	Y	B	E	R	S		A	C	E	A	Q	D
W	X	I	Q	C	O		T	R	A	S	T	O
G	M	J	E	M	O		I	L	Y	P	P	U
Q	G	Y	N	V	E		U	A	L	T	F	V
E	O	M	O	R	P		L	K	T	M	Z	C
M	W	A	T	E	R		A	R	K	J	Y	F
N	L	S	T	R	E		M	I	N	G	R	E
C	O	P	Y	R	I		H	T	Y	J	K	G
Q	J	P	A	R	A		L	A	X	X	X	O
B	S	S	U	P	I		E	L	J	U	M	G
F	E	B	O	J	H		H	O	R	U	S	R
H	C	O	M	M	E		I	C	A	L	V	E
E	S	S	R	D	I		P	L	A	Y	B	R
H	U	P	R	O	D		C	E	R	I	L	V
N	E	T	W	O	R		X	O	V	R	Z	N

Form 5 different 5-letter words by using all the given letters and adding the letter in the Free Letter Box as often as necessary. Cross off each letter in the Letter Bank as you use it.

Free Letter	Letter Bank
e	b b d h i i j l l m m o o o p r v v v

1. _____ _____ _____ _____ _____

2. _____ _____ _____ _____ _____

3. _____ _____ _____ _____ _____

4. _____ _____ _____ _____ _____

5. _____ _____ _____ _____ _____

The spaces between the words in the following message have been eliminated and divided into pieces. Rearrange the pieces to reconstruct the messages. The dashes indicate the number of letters in each word.

DCAM   HAKE   ERAS   AVOI

A V O I D   C A M E R A

S H A K E

Answer Key

From Page 2

```
P X S B J J T S A C B E W G M B
F A M R B S W X B P J A A Z Z L
W F R N O R E G Y H B V X F U O
Y O E A F A J R R L L A Y E R G
J O P I L O T I L D S T L D S I
I G X A K L D Y R F W A W Z V L
D A L N R D A Y B R H R M V Z Y
Y S H H Y E H X I H G Z M C W L
X H P Y T C P R X B R P I E K H
I C J A J Q Y L E X I P O Y H I
V E G I H D U F L C J D E L T T
C N K R V P C E R L U F B C E S
Q A L L E R U M V O R D G Y U L
K O N X Z D R O N E F T Q O H X
G T C I V L O G O G Y V S R K A
K E M N O I T A R U T A S F P T
```

From Page 3

1. Zejz Cxgieyf VAkyrky

   High Quality COntent

2. Jvbfkikiy qkcrv nvtic zikbzekvi erwe
   zic gkjetlrn

   Combining video sound animation text and
   pictures

3. Wybagtsjyb jyb Pyzh fzwg Jwbkayxa

   Understand and Know your Audience

From Page 4

```
E Q U A L I Z E R B E A L
L J S A E D I T O R T P D
U B I N D U S T R Y O I G
G B H O L O G R A M H Z T
J D L A Y E R Q Y D W Z M
B R D S O F T W A R E Q L
J W I M A G E C R F N S Q
P Z F B C O N T R A S T J
I F V B E C U T E L U K D
X S X J M E D I U M C X O
A D Z H P I X E L E Q K V
X S S H H K C R O P Q G T
O V E R L A Y B S B X T G
K U R E M O J I C L I Z Q
L D E O P N B R E A K B U
H I N A R R A T I V E K B
R U J A B E V E L Y Z Z B
P H D F O X H O S T C G V
O J X D E S K T O P P R X
U E O D I S P L A Y K T Y
J G R E S O L U T I O N E
Q W F K E Y F R A M E G K
I J Q F S E Q U A L W K F
Y B C N B L O G F M
N W A T E R M A R K
V Y B A N D W I D T
```

From Page 5

1. v i d e o
2. g e n r e
3. d r o n e
4. l a y e r
5. e m o j i

From Page 6

c o m p o s e

a n d f r a m e

From Page 7

```
B R D S R E N N A B U F X F A U
S P L D T M U V I S T G O S H W
W P O M M X G Q P R M O R P H P
H T M W N R R N M K Z P E L L I
J Z U C S S A Q A X N P J I Z X
M I M A G E Q P C H W W T N K E
N L X Z V X R O Z I Y Z D E A L
S D Q S A D H K D U A S X I P T
C Z G N X G J U U I D S I G T P
A K K S L N A V G R U W J R E I
Z K G Z R U X X D N R S M V L L
U C E U M O M Y S T I H C N U O
T H Q D Z V C K C C C R X Z Z T
A R S L O G N M D H P H P C C W
P A Y C V D R O N E R J M I U J
H K R A M R E T A W X T K Z R V
```

From Page 8

1. Tod imd wpudbide lxbthwe

   Use the inverted pyramid

2. Hykxwn Yvvlqq Nlnwho

   Random Access Memory

3. Htwvkiy wuuwvsh wjekjwwd

   Special effects engineer

From Page 9

```
E Q U A L I Z E R Y K D L
A G A Q P I X E L W A Q A
A I B A F F I L I A T E J
E S F C H S B R O W S E R
B S W U A D U O T O N E
S R G U K C H O S T O K C
F B Q E M O J I T D B B L
Z I S X B E V E L C G H M
L X Y I X N E T W O R K Z
A H Y P E R L I N K Q S G
U Q P S P A C U T F X B Z
J K M T H U M B N A I L D
D K S T O R Y B O A R D S
C Y B E R S P A C E Y U N
G O C L H H F O N T O P A
Q P Q Z D I R E C T O R A
B X S T R E A M I N G Q C
J K E V J E Q U A L Z X J
E P P R O D U C T I O N F
U P R A N N E R S F S S
Q Q L D E S K T O P Z V B
J A N A L O G F Q B U Q G
C O N T R A S T D C U S U
N T C S U D O M A I N S M
K C B A N D W I D T H W K
Z L N F I L T E R I N G N
```

From Page 10

1. b r e a k
2. l a y e r
3. i m a g e
4. p i l o t
5. d r o n e

From Page 11

volume equalizer

panning

compression

From Page 12

```
I I Y R M P O Y E W X L K W J N
G Q N Y B O J F A C A W O B A E
N J M L B Z B P X F M V Q R W S
A C I N B J B K O C C M R O Y B
N Q D O A Q A B P B U A R N G E
O J X A B X D K K E T L O I E
I O B X N C O Q E I R P H R Q S
T W S I E K Z C V M U W N W U P
C Q G E N V N E A Q K J F L H A
U S O V O I F K Q W B M P J L
D X P W R R L J N F A U K W U E
O A G A D E F S L Y G G H C L M
R Q E X H S K X B I M X Z R Y I
P I H N E I I O E D P K H O V T
C D S T J Y B U P E N I L P S Y
C D O M A I N H M O R P H J A J
```

From Page 13

1. Wattaes xco Vqxts

   Compose and Frame

2. Uamta npag agd kdmw

   Start with the lead

3. Dvfcfmgqdvn wz Jwmvc Kgwcwym

   Photography is Light Writing

24

From Page 14

```
E Q U A L I Z E R E G Y I
N E A N A L O G L Z N W S
J T Y P E F A C E W M R X
V F V I W E B H T G T L E
P D C L U M I N A N C E X
O V E R L A Y O D A X I I
U J T R E A T M E N T F I
N Y N P H A R D W A R E U
J X P H A S E R Q D G M Q
V D U O T O N E P F Y N D
I L A N D S C A P E H V
U K H O L O G R A M Z A D
X T K H B E Q U A L T D O
Y O R E M O J I H M I L T
C W E B C A S T V S Q Y F
L E L A M C H O R U S H Z
U V Z A N I M A T I O N B
U B B R E A K R E N U K H
G X P S E Q U E N C E R E
H K Q N E T W O R K L Y E
F K D I S P L A Y I I V M
Z D W D I V D R O N E L U
K M U E P I X E L P P X F
Y K L K E Y F R A M E D G
H C Q S E R V E R M A J X
H Y K R I P P I N G M L E
```

From Page 15

1. g e n r e
2. v i d e o
3. v i d e o
4. b r e a k
5. b e v e l

From Page 16

p r a c t i c e ,

p r a c t i c e ,

p r a c t i c e

From Page 17

```
B L S A F F I L I A T E S Z I N
R K U S H B L O C K V A M V U U
E G A M N L O V D R O N E B H F
A P N H I T S N U Y V Q R O P A
K C A S J N K O K X J F R Q F F
C U A E B G A T O T O N P E F D
U G F V Y P G N N A D X F U N K
A Q E A U G G N C V A B I P G O
T B U Z W T P D G E P G D U B R
B F B H K C E B Q E I O L J Q U
E Z W I T X T C S U T V H X C X
V D F R F W I W G C U T E G I F
E V E C T O R X R T I B E J D A
L G L T D O P M X K U U M L R Y
S I D P F K S T M S Y J K S A S
L C V O V E R L A Y M I H G L P
```

25

From Page 18

1. Ycsvx Lok Ztw

    Final Cut Pro

2. Usqpwlwld mwxcs zsjlx nlwqnhwsl hcgh
   nlx twuhjicz

    Combining video sound animation text and
    pictures

3. Wubnhkmpub mqn lhnxwnurz kanrmhwg

    Understand the frequency spectrum

From Page 19

E	Q	U	A	L	I	**Z**	E	R	G	E	N	N
S	A	S	T	O	R	Y	B	O	A	R	D	K
E	W	B	A	N	D	W	I	D	T	H	N	Z
W	X	S	P	R	I	T	E	O	E	O	D	D
Z	P	L	F	B	E	V	E	L	N	Z	B	G
Y	S	R	H	O	L	O	G	R	A	M	F	E
A	C	R	O	S	S	F	A	D	E	U	K	S
Z	R	I	U	W	E	B	I	N	A	R	E	E
E	M	G	E	W	M	E	D	I	U	M	H	Z
N	H	M	Q	J	F	D	E	S	K	T	O	P
P	O	R	T	R	A	I	T	U	Q	Q	C	D
C	Y	B	E	R	S	P	A	C	E	A	Q	D
W	X	I	Q	C	O	N	T	R	A	S	T	O
G	M	J	E	M	O	J	I	L	Y	P	P	U
Q	G	Y	N	V	E	Q	U	A	L	T	F	V
E	O	M	O	R	P	H	L	K	T	M	Z	C
M	W	A	T	E	R	M	A	R	K	J	Y	F
N	L	S	T	R	E	A	M	I	N	G	R	E
C	O	P	Y	R	I	G	H	T	Y	J	K	G
Q	J	P	A	R	A	L	L	A	X	X	X	O
B	S	S	U	P	I	X	E	L	J	U	M	G
F	E	B	O	J	H	C	H	O	R	U	S	R
H	C	O	M	M	E	R	I	C	A	L	V	E
E	S	S	R	D	I	S	P	L	A	Y	B	R
H	U	P	R	O	D	U	C	E	R	I	L	V
N	E	T	W	O	R	K	X	O	V	R	Z	N

From Page 20

1. b e v e l
2. b e v e l
3. e m o j i
4. m o r p h
5. v i d e o

From Page 21

a v o i d   c a m e r a

s h a k e